STUDIEN UND VERSUCHE

8

D1727249

W. F. VELTMAN

SHAKESPEARES
«KAUFMANN VON VENEDIG»

1964

VERLAG FREIES GEISTESLEBEN

Alle Rechte vorbehalten
© 1964 Verlag Freies Geistesleben GmbH Stuttgart
Gesamtherstellung Greiserdruck Rastatt

1

Goethe hat einmal ein tiefes persönliches Zeugnis abgelegt, als er mit Eckermann über William Shakespeare sprach. Und sein eifriger Freund hat uns diese Worte bewahrt, deren Sternenglanz über der Kultur Europas steht: « ... Shakespeare, der doch ein Wesen höherer Art ist, zu dem ich hinaufblicke und das ich zu verehren habe.» Goethe hatte recht. Was aber spürte er in Shakespeare, das ihn zu dem hier angeführten Bekenntnis bewegte? War es seine dramatische Meisterschaft, seine psychologische Tiefe und Fülle, seine Menschlichkeit? Die spürte er ohne Zweifel, aber mehr als die Anerkennung dieser hohen Eigenschaften, die er auch in anderen Dichtern verehrte, liegt in diesem Ausspruch. In einem weiteren Gespräch, in dem Dante genannt wird, fällt es dem fein zuhörenden Eckermann auf, daß Goethe an Stelle von Talent das Wort Natur verwendet. Dieser ungewöhnliche Gebrauch des Wortes Natur für Dichtergenie ist in Goethes Sinn auch für Shakespeare richtig. Mit dieser Bezeichnung deutet er auf eine besondere geistige Kraft hin; eine solche sah er auch in Raffael und Mozart. Shakespeares Genie schöpfte aus den allumfassenden Tiefen der geistigen Welt. Jüngere Zeiten haben in seinen dramatischen Werken vor allem den Realismus, die psychologische Tiefe bewundert. Er war das Vorbild für die Kunst der Romantiker. Der Fürst der Klassik verehrte ihn als ein Wesen höherer Art. Unsere Generation wird Shakespeare nur dann Recht widerfahren lassen, wenn unsere Bewunderung und unsere Erkenntnis bis zu den geistigen Quellen vordringt, aus denen er schöpfen konnte: eine wunderbare Kraft, die ihn ebenso zum großen Lehrer Goethes machte wie zum Inspirator der Romantik, und wodurch er unbestritten der Riese des modernen Theaters ist.

Diese Studie will beitragen zum Auffinden der Quellen, zum Begegnen dieser geistigen Kraft, die heute wirklicher, unmittelbarer zu erfahren ist als je. Warum ist fast jeder gelehrte Kommentar zu Shakespeares Dramen unzureichend? Wie kommt es, daß scharfsinnige Analysen, tiefsinnige Abhandlungen, historische, soziale, philosophische, psychologische Betrachtungen neben Interesse und einem gewissen Respekt doch häufig auch ein Gefühl des Unbefriedigtseins in uns erzeugen? Zweifellos, weil das Shakespearesche Drama durch seinen Charakter sich einer bloß intellektuellen Annäherung entzieht. Shakespeares Werk ist keineswegs realistisch im Sinne eines Ibsen oder Hauptmann: Was man bei ihm Realismus nennt, seine Derbheit, seine vollblütige Lebenswirklichkeit, ist viel eher dem Traum als dem blaß-grauen Wachbewußtsein des 19. Jahrhunderts verwandt. Träume, gespeist aus der Realität der geistigen Welt, sind diese mächtigen Seelenbilder. Keine flüchtigen Schemen wie unsere normalen Träume, sondern grellfarbige, heftig bewegte Mythen, wurzelnd in der Ideenwelt, gewoben aus dynamischer Substanz, die den bezauberten Zuschauer zu einem höheren Bewußtsein erheben, ohne daß sie ihn von der Erde wegführen.

Auf vielerlei Weise findet die Seele Zugang zu diesem Werk. Sie kann sich ihm hingeben in unmittelbarer Empfindung; genießend und bewundernd, befangen in Furcht und Scheu, mitgenommen vom Strom der dramatischen Handlung lebt der Zuschauer oder der Leser in einer naiv ursprünglichen Gemütsbewegung, die sich sichtbar für die Sinne entwickelt.

Anders wird es, wenn der analysierende Verstand sich dieser Zauberwelt gegenüberstellt. Er will erklären, kritisieren, stößt auf Widersprüche, sucht fremde Einflüsse. Er disputiert so lange, bis der Schöpfer alles dessen zu einem geschickten Schauspielerlein zusammengeschrumpft ist und man des Rätsels Lösung in einem Sarg zu suchen beginnt.[1]

Wenn dieser Verstand der illustren Seele Voltaires gehört, macht er kurzen Prozeß mit dem Shakespeare-Phänomen: Ein betrunkener Wilder. In diesem Fall wird das Urteil sicherlich gefärbt gewesen sein von der «jalousie de métier» eines drittrangigen Dichters gegenüber dem Großmeister.

Die wissenschaftliche Art, ein Kunstwerk zu betrachten, ist oft anerkennenswert, trifft meistens jedoch nicht den Kern, weil die Kunst einen Realitätsgehalt hat, der in weiteren Resonanz-Kreisen vibriert, als das Verstandes-Denken reicht.

---

[1] Vor einiger Zeit glaubte ein englischer Gelehrter wieder einmal beweisen zu können, daß Shakespeares Theaterstücke von einem anderen verfaßt worden sind, in dessen Grab man die Original-Handschriften zu finden hoffte. Ohne Erfolg.

Gibt es also neben dem naiv ursprünglichen und analytischen Weg keine andere, wesentlichere Begegnung?

Der Gegenstand dieser Betrachtung, Shakespeares «Kaufmann von Venedig», gibt selbst durch seine Bildersprache einen fruchtbaren Hinweis. Der Venezianer Bassanio kann die Herrin von Belmont nur erwerben, wenn er die rechte Wahl trifft von drei Kästchen, deren eines ihr Bildnis enthält. Die Aufschrift auf diesem Kästchen lautet: Who chooseth me must give and hazard all he hath.[1] Der Schlüssel zu Porzias Bild verhilft also auch zum Besitz ihrer wirklichen Person. Der Spruch auf diesem Kästchen ermahnt zu völliger Hingabe. Bassanios echte Liebe zu Porzia führt ihn zur richtigen Wahl, er handelt jedoch nicht impulsiv, nicht geradewegs aus dem Gefühl. Er überlegt, ebenso wie seine Vorgänger Marocco und Arragon. Die Erwägungen seines Verstandes sind jedoch getragen von den Flügeln seiner Liebe. Musik erklingt, während er denkt. Dadurch trügt ihn auch der äußere Schein nicht, dem Marocco und Arragon verfielen. Die Früchte ihrer Erwägungen sind Tod und Torheit. Bassanio erntet die goldene Frucht der Wirklichkeit.

Der jahrelange Umgang mit einigen Tragödien und Komödien Shakespeares hat mich zur Überzeugung geführt, daß das Motiv der drei Kästchen im «Kaufmann von Venedig» für eine Betrachtungsweise, die an die schon erwähnten geistigen Quellen herankommt, ein exaktes Gleichnis ist. Mythologische Bilder – und solche sind Shakespeares Traumrealitäten alle – können gedeutet werden, ohne daß man sie vergewaltigt, durch ein Denken, das die Liebe in Erkenntniskraft verwandelt hat. Dieses Denken ist verwandt der konzentrierten Hingabe in der Meditation: it must give and hazard all it hath.

Deutungen mythologischer Bilder sind von denselben Gefahren bedroht wie die Freier Porzias. Tod und Torheit wohnen auch hier in versilberten und vergoldeten Kästchen. Die dramatischen Gegebenheiten, die ich mit den Worten «Mythen» und «Traumrealitäten» meine, wurzeln jedoch so stark im Leben der damaligen Zeit, daß reine Spekulation hier schneller ans Licht kommt, als das bei Betrachtungen über Mythologie gewöhnlich der Fall ist. Darum können wir

[1] «Wer mich erwählt, der gibt und wagt sein Alles dran.»

7

nun, mit Marocco und Arragon als Klippen, die deutlich genug zur Warnung dienen, eine der köstlichsten poetischen Schöpfungen der Welt im Lichte von Goethes Zeugnis zu betrachten versuchen, als Offenbarung aus einer höheren Welt, zu der unsere Zeit den Zugang fordert.

2

Shakespeares Werk hat nichts mit Symbolik oder Allegorie zu tun. Ein Symbol ist ein Zeichen, eine Hieroglyphe, die äußerliche Andeutung einer geistigen Wirklichkeit. Diese geistige Wirklichkeit tritt nicht in Erscheinung, aber das symbolische Zeichen ist mit ihr geladen. Die geistige Potenz gibt dem Symbol die magische Wirkung, die zum Guten oder Schlechten angewendet werden kann. Das Symbol tritt meist da auf, wo der Mensch nicht frei ist, wie im alten Ägypten. Symbolik ist noch keine Kunst im eigentlichen Sinn. In archaischen Stadien einer Kulturentwickelung tritt Symbolik auf. Allegorie steht am anderen Ende; sie ist keine Kunst mehr, nur noch ein abstraktes Schattenspiel. Dazwischen steht die wahre Kunst, Tochter der Freiheit. Die schöpferische Phantasie erzeugt Bilder, in denen die geistige Realität erscheint. Der Stoff, das Material im weitesten Sinne, wird der Sinneswelt entnommen, aber in eine neue Form gebracht, in der sich die geistige Potenz als schöner Schein offenbart.

Mythen und Volksmärchen sind nicht der Phantasie entsprungen, ihre Bildersprache ist jedoch eng verwandt mit den Erzeugnissen der schöpferischen Phantasie, weil die Phantasiekräfte der lebendige Rest eines ehemaligen Bewußtseinszustandes der Menschheit sind, aus dem die Märchen und Mythen entstanden. Bei Shakespeare sind die Phantasiebilder und die geistige Potenz so kraftvoll, daß er wiederum an das mythologische Bewußtsein heranreicht. Es ist kein Zurückreichen, obschon in seinen Werken viele Anknüpfungspunkte an die griechische Mythologie zu finden sind, die nicht nur aus dem Renaissancegeist seiner Zeit erklärt werden können; es ist eine neue Errungenschaft, die zukünftige Kräfte in sich trägt. Der «Kaufmann von Venedig» offenbart diesen mythologischen Bildcharakter in hohem Maße, und mögen auch die Motive dieses Stückes, ebenso wie die seiner meisten anderen Dramen, älteren oder zeitgenössischen Vorbildern entnommen sein, so ist es doch Shakespeares Genie, das diesen Bildcharakter so mächtig hervorzaubert.

Folgen wir jetzt der Entwickelung dieser dramatischen Bilder. Antonio, ein reicher venezianischer Kaufmann, ist aus unbegreiflichen Gründen bedrückt. Sein Herzensfreund Bassanio berichtet ihm seine Liebe zur schönen Porzia, der Herrin von Belmont, um deren Hand er sich bewerben möchte, hätte er nur die geldlichen Mittel, um es auf würdige Art zu tun. Antonio stellt sein Vermögen Bassanio zur Verfügung; weil aber alle seine Handelsschiffe zur See sind, hat er kein bares Geld, will aber Bürge sein für eine große Summe, die man von Shylock, einem jüdischen Wucherer, leihen will. Shylock haßt Antonio, weil dieser ihn beschimpft, aber vor allem, weil Antonio Geld ausleiht ohne Zinsen und auf diese Weise die Wucherer benachteiligt. Die Anleihe kommt zustande, Antonio verpflichtet sich, innerhalb von drei Monaten die Summe von dreitausend Dukaten zurückzuzahlen. Kommt er dieser Übereinkunft nicht nach, so hat Shylock das Recht auf ein Pfund Fleisch aus Antonios Leib.

Nach Belmont, dem Gebiet wo Porzia herrscht, kommen viele Freier, die um die Hand der schönen, reichen Erbin werben. Sie ist nicht frei in ihrer Wahl, noch darf sie sich verweigern; denn ihr Vater hat testamentarisch festgesetzt, daß derjenige Porzia die Seine nennen darf, der die richtige Wahl trifft von drei Kästchen, einem goldenen, einem silbernen und einem bleiernen. Der Prinz von Marocco probiert sein Glück. Er wählt das goldene Kästchen, das einen Totenkopf enthält. Er hat verfehlt und muß abziehen. – Inzwischen haben wir in Venedig gesehen, wie Shylocks lustiger Knecht Lanzelot seinem Herrn wegläuft, zum Verdruß von dessen lieblicher Tochter Jessica. Doch auch Jessica selbst schmiedet den Plan, mit ihrem Geliebten, Lorenzo, einem Freund des Bassanio, zu entfliehen. Im nächtlichen Venedig, als Shylock nicht zu Hause ist, wird Jessica von ihrem Geliebten entführt. Bassanio und sein Freund Graziano brechen in derselben Nacht nach Belmont auf.

In Porzias Reich erscheint der Prinz von Arragon. Auch er trifft die falsche Wahl. Das silberne Kästchen, das er wählt, enthält einen Narrenkopf. In Venedig laufen sehr ungünstige Nachrichten über Antonios Schiffe ein. Shylock ist verzweifelt über die Flucht seiner

Tochter, hauptsächlich der Kostbarkeiten und des Geldes wegen, die sie auf ihrer Flucht mitgenommen hat. Sein einziger Trost ist das Unglück Antonios, das er eben erfährt.

Belmont empfängt Bassanio. Er erringt die Braut durch die Wahl des bleiernen Kästchens. Sein Freund, der lebenslustige Graziano, erobert ohne Umschweife das Herz Nerissas, Porzias Kammerjungfer. Ein Brief aus Venedig wirft Schatten auf Bassanios Glück. Antonio scheint verloren. Seine Schiffe sind alle gesunken, und Shylocks ganzer Sinn ist auf die Vollziehung des entsetzlichen Kontrakts gerichtet. Bassanio bricht eilends auf, um seinem Freund in Venedig zu helfen. Porzia hat einen Plan. Auch sie verläßt Belmont mit Nerissa, überläßt die Verwaltung ihres Hauses Jessica und Lorenzo, die mit dem Überbringer des Briefes zugleich angekommen waren.

Der Termin von drei Monaten ist verstrichen, Antonio im Kerker, und Shylock fordert sein Pfund Fleisch. Vergebens hat der Doge von Venedig versucht, Shylock zu mäßigen. Er will nur sein Recht haben. Als letzten Ausweg hat der Doge einen berühmten Rechtsgelehrten ersucht, sich dieser Sache anzunehmen. Er erscheint nicht selbst, sondern ein junger Rechtsgelehrter mit seinem ebenfalls sehr jungen Schreiber werden in seinem Namen Recht sprechen. Diese beiden sind die verkleidete Porzia und Nerissa. Porzia drängt Shylock, von seiner blutdürstigen Forderung abzusehen. Bassanio bietet die dreifache Summe. Shylock besteht aber auf seinem Recht. Das Gesetz darf nicht verletzt werden. Der junge Richter erkennt dies an, zur großen Genugtuung des Juden, der schon sein Messer wetzt, um dem unglücklichen Antonio das Pfund Fleisch zu rauben. Da stellt Porzia die für Shylock überraschende Falle: Er darf das Pfund Fleisch herausschneiden, aber kein bißchen mehr oder weniger als ein Pfund, und nur das Fleisch, keinen Tropfen Blut. Shylock ist schachmatt, er muß nicht nur von seiner Rache ablassen, er wird auch noch beschuldigt, einem Mitbürger nach dem Leben getrachtet zu haben. Sein Eigentum wird mit Beschlag belegt. Gebrochen geht er ab. Der vermeintliche Richter und sein junger Gehilfe wollen keine Bezahlung annehmen, nur die Ringe Bassanios und Grazianos, die diese von ihren Frauen erhalten haben, wissen sie geschickt ihren Eheleuten abzulocken, welche die Verkleidung nicht durchschauen.

Der letzte Akt führt alle in Belmont zusammen, wo Lorenzo und

Jessica auf ihre Rückkehr warten. Der spielerische Streit der Ringe wegen und die glückliche Lösung beschließen das Stück.

3

In das Gewand eines bewegten, buntfarbigen Dramas, einer Tragikomödie, hüllt der Dichter das Mysterium der Musik. Musik erklingt in dem großen Augenblick, als Bassanio sich zur Wahl anschickt. Musik bereitet das Wiedererscheinen Porzias und Bassanios im letzten Akt vor. Da, im mondscheindurchfluteten Park von Belmont, während der Zuschauer die glückliche Lösung, die der Rechtsspruch gebracht hat, schon kennt, sprechen Lorenzo und Jessica über das Wesen der Musik. Wir werden in die Sphäre von liebegetragener Weisheit erhoben, die das ganze Drama durchwebt. Denn der ganze Reichtum von Lorenzos Worten und Jessicas wenige, ergreifend einfache: «I am never merry when I hear sweet music»[1] bilden kein hübsches Zwischenspiel, das nach dem hochdramatischen 4. Akt den Zuschauer in eine idyllische Stimmung bringen soll, es ist die Quintessenz der ganzen Handlung, die hier ausgesprochen wird. Diese Handlung führt uns abwechselnd in zwei Gebiete: Venedig und Belmont. Über zwei Welten von Musik spricht Lorenzo: ...

> Sit, Jessica. Look, how the floor of heaven
> Is thick inlaid with patines of bright gold:
> There's not the smallest orb which thou behold'st
> But in his motion like an angel sings,
> Still quiring to the young-eyed cherubins;
> Such harmony is in immortal souls;
> But whilst this muddy vesture of decay
> Doth grossly close it in, we cannot hear it.

> Komm, Jessica! Sieh, wie die Himmelsflur
> Ist eingelegt mit Scheiben lichten Goldes!
> Auch nicht der kleinste Kreis, den du da siehst,
> Der nicht im Schwunge wie ein Engel singt,

[1] «Nie macht die liebliche Musik mich lustig.»

Zum Chor der hellgeaugten Cherubim.
So voller Harmonie sind ew'ge Geister,
Nur wir, weil dies hinfäll'ge Kleid von Staub
Ihn grob umhüllt, wir können sie nicht hören.[1]

Eine himmlische Sphärenharmonie ist in der Bewegung der gold-glänzenden Sterne. In der unsterblichen Seele des Menschen liegt dieselbe Musik verschlossen, aber wir hören sie nicht, weil das «hinfällige Kleid von Staub», das unser Körper ist, dieses geistige Klanggewebe «grob verhüllt».

Zwei Welten, ein Reich von Ursprung, Licht, Leben, Liebe, von klarer Harmonie und warmer Intelligenzkraft: Belmont, der schöne Berg, Porzias Reich, und ein düsteres Reich von Haß und Leidenschaft, von Trübsal und Tod, Venedig, Shylocks Reich. Aber im letzteren lebt auch Antonio, das opfernde Herz. Er ist die eigentliche Hauptperson, nach der das Stück zu Recht genannt ist. Denn in der Welt des «muddy vesture of decay» trägt er die edle Liebeskraft, durch die es Bassanio erst möglich wird, in eine Verbindung mit dem Lichtreich zu kommen. Antonios Opfer stellt ihn direkt dem Bösen gegenüber. In der Welt des Vergänglichen hat dieses seine Aufgabe: Shylocks Gold liefert ja die materielle Grundlage zu Bassanios Erfolg. Aber das Böse wendet sich gegen das Menschenherz, das Organ, das der unmittelbarste Ausdruck der «immortal soul» ist, worin, wie Lorenzo sagt, dieselbe Harmonie lebt wie in den sich bewegenden Sternen. Die Musik ist die Bezwingerin des Bösen. Verstockt und schlecht ist der, «den nicht die Eintracht süßer Töne rührt». Und so sagt Shakespeare im letzten Akt:

Jessica:	I am never merry when I hear sweet music.
Lorenzo:	The reason is, your spirits are attentive:
	For do but note a wild and wanton herd,
	Or race of youthful and unhandled colts,
	Fetching mad bounds, bellowing and neighing loud,
	Which is the hot condition of their blood;
	If they but hear perchance a trumpet sound,

---

[1] Alle Übersetzungen der Zitate nach der Schlegelschen Ausgabe.

Or any air of music touch their ears,
You shall perceive them make a mutual stand,
Their savage eyes turn'd to a modest gaze
By the sweet power of music: therefore the poet
Did feign that Orpheus drew trees, stones, and floods;
Since naught so stockish, hard, and full of rage,
But music for the time doth change his nature.
The man that hath no music in himself,
Nor is not mov'd with concord of sweet sounds,
Is fit for treasons, stratagems, and spoils;
The motions of his spirit are dull as night,
And his affections dark as Erebus:
Let no such man be trusted. Mark the music.

Jessica:	Nie macht die liebliche Musik mich lustig.
Lorenzo:	Der Grund ist, eure Geister sind gespannt.
	Bemerkt nur eine wilde flücht'ge Herde,
	Der ungezähmten jungen Füllen Schar;
	Sie machen Sprünge, blöken, wiehern laut,
	Wie ihres Blutes heiße Art sie treibt:
	Doch schallt nur die Trompete, oder trifft
	Sonst eine Weise der Musik ihr Ohr,
	So seht ihr, wie sie miteinander stehn,
	Ihr wildes Auge schaut mit Sittsamkeit
	Durch süße Macht der Töne. Drum lehrt der Dichter,
	Gelenkt hab' Orpheus Bäume, Felsen, Fluten,
	Weil nichts so stöckisch, hart und voll von Wut,
	Das nicht Musik auf eine Zeit verwandelt.
	Der Mann, der nicht Musik hat in ihm selbst,
	Den nicht die Eintracht süßer Töne rührt,
	Taugt zu Verrat, zu Räuberei und Tücken;
	Die Regung seines Sinns ist dumpf wie Nacht,
	Sein Trachten düster wie der Erebus.
	Trau keinem solchen! – Horch auf die Musik!

Shylock ist «the man that hath no music in himself», dessen Seelenregungen dunkel sind wie die Unterwelt. Im zweiten Akt befiehlt er seiner Tochter: «But stop my house's ears, I mean my casements.» Er will nicht, daß die Klänge der Musik, die die Teilnehmer des nächtlichen Maskenzuges hervorbringen, in sein «sober house» eindringen und die Seele dieses Hauses, Jessica, zu den Öffnungen der Fenster und Türen locken. Diesen strengen Befehlen Shylocks an seine Tochter, die sie in die düstere Abgeschiedenheit des «vesture of decay» bannen sollen, steht die Belehrung über die Musik von seiten Lorenzos gegenüber, die ihr im Lichtreich Belmont zuteil wird. Shakespeares Drama ist ebenso wie das Griechische aus dem Geiste der Musik geschrieben. Er konnte jedoch, weil er in der nachchristlichen Zeit lebte, auf unmittelbarere Weise anschaulich machen, daß die Katharsis zur Überwindung des Bösen führt. Lorenzos Worte über die Musik sind ganz durchtränkt von griechischer Weisheit, schließen unmittelbar an griechische Überlieferungen an. Im Konfrontieren der antimusikalen Macht mit Antonios Opferkraft jedoch geht er über die Griechen hinaus, ist er im tiefsten Sinne christlich und modern. Bevor wir hierauf näher eingehen, kehren wir noch einmal zu den Antipoden Belmont–Venedig zurück, um ihren großartigen Bildcharakter noch deutlicher zu erkennen.

4

Shakespeares universeller Geist muß eine tiefe Verwandtschaft zu der spirituellen Wirklichkeit der griechischen Mythologie gehabt haben. Mögen seine Kenntnisse vom Griechentum in wissenschaftlicher Hinsicht beschränkt gewesen sein, seine poetische Intuition drang bis zum Kern dieser Welt durch. Das England der Königin Elisabeth I. und des James I. zeigt ein Kulturbild, das stark vom humanistischen und Renaissancegeist durchtränkt ist. Shakespeare stand voll in seiner Zeit und beteiligte sich intensiv an dieser Durchtränkung. Es gelang ihm einerseits, der antiken Welt das Ansehen seiner Zeit zu schenken – er schrieb ja für ein Theaterpublikum und nicht für Philologen –, andererseits wußte er seine dramatischen Bilder für eine übersinnliche Realität durchlässig zu machen, was weder seine Dichterkollegen noch die Gelehrten seiner Zeit erreichten. Es ist, als ob sein Genie den Zugang zum Reich der antiken Tempelmysterien gefunden hätte, aus dem alle Mythologie, alle Poesie, alle

Kultur des Altertums entsprungen ist. Und hier liegt auch das Geheimnis, warum er so modern ist. Unsere Kultur fordert Zugang zu diesem Reich. Nach der Entdeckung des Unterbewußten will der moderne Mensch zu Regionen durchdringen, wo er den Geist ursprünglich findet. Shakespeare ist ein Führer auf diesem Weg.

Kommentatoren des «Kaufmann von Venedig» haben öfters aus Unverständnis das Hauptaugenmerk auf die Inkoherenz des Stückes gelegt. Ein Urteil, das von «Märchenmotiven, verbunden mit Greuelunsinn, beeinflußt von mittelalterlichem Antisemitismus» spricht, greift vollkommen daneben. Der Gegensatz Belmont–Venedig ist keineswegs eine mehr oder weniger geschickte Zusammenstellung verschiedener «stories», die der Dichter herbeibringt, um eine bekannte Begebenheit neu und aufgeputzt dem Publikum zu präsentieren. Zwischen Belmont und Venedig besteht ein polarer Zusammenhang, eine Koherenz höchster Ordnung, die der Nerv in der Struktur einer vollkommenen Dichtung ist. Einen Hauptaspekt dieser Polarität habe ich bereits genannt. Belmont ist das Reich, in dem Sternenharmonie sich ungetrübt offenbart, Venedig repräsentiert die «hinfällige Welt von Staub», in die die unsterbliche Seele verbannt ist und, vom Bösen bedrängt, leiden muß. Dieses Leiden der Seele durch den Druck des Irdischen gibt ihr die Traurigkeit, von der Antonio zu seinen Freunden spricht. Mit den ersten Worten des Dramas: «In sooth, I know not why I am so sad» wird das Thema angeschlagen, das sich von Szene zu Szene weiter entwickelt, bis die «sadness» in Freude verwandelt ist.

Die Polarität Venedig–Belmont ist durch die Rolle charakterisiert, die das Gold in beiden Reichen spielt. Shakespeares Text erlaubt keinen Zweifel, daß in Belmont nur die geistige Kraft des Goldes Bedeutung hat, während in Venedig das Gold eine materielle Notwendigkeit ist und durch diese Veräußerlichung den Egoismus grenzenlos steigert. Von alters her wurde das Gold mit der Sonne in Zusammenhang gebracht. Auch die Sonne hat einen äußerlichen, blendenden Aspekt und einen tieferen geistigen Kern. Belmont ist in Wirklichkeit ein Bild dieses geistigen Sonnenreiches, kein Symbol, keine Allegorie, sondern eine Imagination, bevölkert mit Gestalten, die gerade durch ihre warmblütige Lebensfülle die ideellen Kräfte offenbaren, deren Träger sie sind.

15

Was ist das Geheimnis des Sonnenreiches? Es ist kein Zufall, daß Shakespeare an zwei Stellen die Herrin von Belmont in Zusammenhang bringt mit dem goldenen Vlies. Im ersten Akt beschreibt Bassanio ihr zauberhaftes Wesen:

> « . . . and her sonny locks
> Hang on her temples like a golden fleece;
> Which makes her seat of Belmont Colchos' strand,
> And many Jasons come in quest of her.»

> . . . ihr sonnig Haar
> Wallt um die Schläf' ihr, wie ein goldnes Vlies;
> Zu Kolchos Strande macht es Belmonts Sitz,
> Und mancher Jason kommt, bemüht um sie.

Dann, im 3. Akt, als die richtige Wahl getroffen ist, als Graziano auch mit geringerer Mühe die Geringere (Nerissa) erobert hat, ruft er aus: «We are the Jasons, we have won the fleece.»

Die Überlieferung vom goldenen Vlies weist auf das Bestehen einer esoterischen Strömung in der griechischen Kultur hin. Als die griechisch-lateinische Kulturperiode sich auf der Erde entfaltete, stand die Sonne im Sternbild des Widders. Der Frühlingspunkt bewegt sich sehr langsam durch die zwölf Sternbilder des Tierkreises. Viele tausend Jahre vor der griechischen Zeit war die Sonne gleichfalls durch das Widderzeichen gegangen. In diesen längst verflossenen Zeiten war der Mensch noch einer direkten Offenbarung aus der geistigen Welt teilhaftig. Alle damalige Kultur, von der keine äußeren Reste bestehen, die aber in der Erinnerung der antiken Völker fortlebte, war durchzogen von Urweisheit. Die Erinnerung an diese Urweisheit findet man in den Sagen und Mythen in vielerlei imaginativen Gestalten. Eine davon war das goldene Vlies, die Haut des Widders, die dem Zwillingspaar Phrixos und Helle geschenkt worden war. Griechische Helden holten unter Anführung des Jason diese goldene Widderhaut in ihr Vaterland. Die Urweisheit konnte jedoch in dieser späteren Widderzeit ausschließlich in geheimen kultischen Zentren gehütet werden. Als Gründer dieser Zentren, dieser Mysterienstätten, sind die Teilnehmer des Argonautenzuges zu betrachten. Warum wurden die Zentren der Urweisheit mit Heimlichkeit umgeben? Eine Frage, die für unsere Betrachtung von größter Bedeutung ist. Die göttliche Weisheit von Kosmos und Mensch war ursprünglich mit der Liebe verbunden. Um diese Verbindung von Weisheit und Liebe zu bewahren, mußten die Mysterien von ihren Adepten eine sehr strenge Schulung fordern, eine Läuterung, Katharsis, von allem egoistischen Begierdeleben, in welchem die göttliche Liebe ihr dämonisches Gegenbild durch zunehmende Verirdischung des Menschengeschlechts gefunden hatte.

Neben dieser esoterischen Weisheitsströmung entstand in Griechenland aber noch die äußerliche Strömung der Verstandeskultur, Philosophie und Wissenschaft, die ohne Läuterung der Leidenschaften erreichbar war.[1]

Die Eroberung Porzias durch Bassanio ist ein exaktes Bild für die Verwirklichung eines höheren Menschseins, wobei das Motiv der Läuterung das eigentliche Motiv des Dramas ist. Wir dürfen uns nicht durch die spielerische Schlußszene, aus der hervorgeht, daß die glücklichen Paare von Belmont keineswegs gesinnt sind, ihrer Liebe einen platonischen Verlauf zu geben, auf die falsche Fährte bringen lassen. Die gesunde Sinnlichkeit, die wir überall bei Shakespeare so erquickend ohne Komplexe antreffen, steht ganz und gar nicht im Widerspruch mit der ideellen Wirklichkeit.

Wir müssen bedenken, daß der Dichter des «Kaufmann von Venedig» den Läuterungsprozeß dramatisch so behandelt, daß er ihn in die Schicksale verschiedener Personen verlegt. Seiner Meisterschaft gelingt dies ohne den leisesten Anflug von Allegorie. Jede Figur ist auf der Bühne wahr, auch im realistischen Sinne. Bassanio will sich mit Porzia verbinden. Er sucht das Sonnenreich von Belmont, wo Weisheit und Liebe vereinigt sind. Dafür muß er seinen Freund Antonio beschwert im anderen Reich zurücklassen. Das Höhersteigen Bassanios fesselt Antonio stärker an die Todeskräfte des niederen Wesens. Durch Antonios völlige Bereitschaft, dieses Opfer zu bringen, wird die Läuterung vollzogen. Dadurch ist die Verbindung Bassanios und Porzias erst Wirklichkeit geworden. Die Kraft des Sonnen-

---

[1] Siehe zur Argonautensage vor allem: R. Steiner: «Das Christentum als mystische Tatsache» und «Esoterik und Weltgeschichte in der griechischen und germanischen Mythologie».

17

reiches zieht nun Antonio hinauf aus der Welt des Hasses und des Todes. Porzia erlöst ihn. Dann muß Bassanio selbst eine Prüfung bestehen. Der junge Rechtsgelehrte will ja keine Dukaten als Belohnung, nur das schmale goldene Reifchen, den Ring, der die Verbindung der Geliebten besiegelte. Was bleibt Bassanio übrig, als den erbetenen Ring, auf den er den Treueid geschworen, dem von ihm nicht erkannten Retter seines Freundes zu schenken? Und nun kommt die schönste, edelste Weisheit Shakespeares ans Licht: Aus der Hand Antonios empfängt Bassanio seinen Ring zurück. Auch in Jessica ist ein Aspekt der Katharsis zum Leben gebracht. Im sanften Mondesglanz erscheint ihre Lieblichkeit neben der strahlenden Porzia. Ein anderes Geheimnis der Polarität Belmont–Venedig ist hiermit angedeutet.

5

Gegenüber dem Sonnenreich Belmont steht Venedig als ein Gebiet, wo Mondeskräfte wirken. Der mittelalterliche Mensch kannte noch sehr wohl den Zusammenhang des Alten Testaments mit dem Mond und des Neuen Testaments mit der Sonne. In unsrer Zeit sind solche Unterschiede verloren gegangen. Darum macht die Beurteilung der Shylockfigur solche Mühe, darum beschuldigt man Shakespeare des Antisemitismus. Die semitischen Gestalten, die der Dichter als wichtigste Komponenten des materiellen Reiches auf die Bühne bringt, zeigt er uns in zweifachem Aspekt: Die edle, sanftmütige Jessica, deren Wesen treffend durch den närrischen Lanzelot ausgedrückt wird: «Most beautiful pagan, most sweet Jew», und ihr Vater, der harte Wucherer Shylock. Zwei Seiten des jüdischen Wesens werden hiermit gezeichnet, die nicht nur historisch und psychologisch betrachtet auf Realitäten beruhen, sondern die außerdem im Zusammenhang der dramatischen Gegebenheit des «Kaufmann» tiefe geistige Wahrheiten offenbaren.

Die grandiose Mission des jüdischen Volkes beginnt mit dem Erzvater Abraham. In ihm offenbart sich zum ersten Male in der Menschheitsentwickelung die Fähigkeit des abstrakten Denkens. Der jüdischen legendären Überlieferung nach ist er der Erfinder der Kunst des

Rechnens. Dieses abstrakte Denken ist an das physische Instrument des Gehirns gebunden, das als Spiegelungsapparat wirkt. Das spiegelnde Bewußtsein erfährt die schaffende Gegenwart der göttlichen Welt nicht mehr in mächtigen Bildern, doch birgt es, auf geistig-abstrakte Weise, einen bildlosen Gott in sich. Diese hohe, verborgene Gottheit, die den Jehova-Namen trägt, verhält sich zu demjenigen, der im Alten Testament der Allerhöchste Gott genannt wird und dessen Priester der geheimnisvolle Melchisedek ist, wie der Mond zur Sonne. Der Sonnenpriester Melchisedek bietet Brot und Wein, die Opfersubstanzen des Christuswesens, dem Mondpriester Abraham dar. Abraham ehrt Melchisedek und ehrt in ihm den Höheren. So sehen wir eine Mondenströmung in der Menschheit auftreten, die in ihrem Beginn ein geistig dienendes Verhältnis zum Sonnenwesen offenbart. Die edelste Tradition des jüdischen Volkes bleibt diesem Dienste treu, bis aus den fernen Nachkommen des Abraham die reinste Schale gebildet wird, in die der Allerhöchste selbst hinabsteigen kann. Aber unvermeidlich bildet sich auch die Gegenkraft. Der an das Gehirn gebundene Verstand läuft Gefahr, zu kaltem, lieblosem Wissen zu werden. Der Mond, der des Nachts als Spiegel das Sonnenlicht reflektiert, kann am Tag als Schatten die Sonne verdüstern. Die Weisheit, die nicht zur schenkenden Tugend wird, bekommt den Charakter des Wuchers. Warum ist Shylock so ergrimmt über Antonio? Weil dieser verleiht ohne Gewinn, weil er gibt um zu helfen und nicht um mehr zu haben. Aber Shylock ist nicht die Personifikation dieser Gegenkraft, er ist kein allegorisches Schema. Er trägt die düstere, lieblose Seite der Mondenströmung in sich. Er erzeugt durch sein Wesen die düstere Atmosphäre der Pharisäer und Sadduzäer während des Prozesses gegen Jesus, aber zugleich hat er die tragische Größe des Judentums der Diaspora. Die unerbittliche Logik, womit er seine Rachsucht rechtfertigt, ist durchglüht vom Leiden seines Volkes: «For sufferance is the badge of all our tribe.» Der edle Antonio ist in dieser Hinsicht auch nicht von Schuld freizusprechen. Die Härte in seinem Auftreten gegen Shylock ist jedoch nicht im Widerspruch mit der Großmut und Opferfreudigkeit, die sonst seinen Charakter kennzeichnen. Ein toleranter, alles verstehender Antonio hätte den dramatischen Konflikt nie und nimmer hervorgerufen. Der Rachedurst, die wahnsinnige Forderung des Pfundes Fleisch, die Entfaltung der düsteren Vernichtungslust bei Shylock wäre eine lebenslose, abstrakte Greuelgeschichte ohne Antonios Abneigung gegen den Wucherer. Daß diese Abneigung sich weniger gegen Shylocks Rasse wendet als gegen dessen Persönlichkeit, in der die düsteren Seiten des Judentums übermäßig stark hervortreten, ist aus dem Stück deutlich zu erkennen. Daß Shylock in seinen berühmten Worten aus dem 3. Akt: «... and what's his reason? I am a Jew...» diesen Haß dennoch mit seiner Rasse in Zusammenhang bringt, spricht für Shakespeares Unparteilichkeit. Er verschönert weder Antonio noch Shylock. Er läßt lebendige Menschen sprechen. Im 4. Akt kulminiert der Gegensatz des lebentragenden Sonnenreiches und des todbringenden Mondenreiches in den Worten Porzias und Shylocks während der Gerichtssitzung. Shylock fordert die Vollstreckung der teuflischen Tat auf Grund des Gesetzes: «I stand here for law». Das heilige, gottgegebene Gesetz ist der Nerv des Alten Testaments. Durch das Befolgen des Gesetzes in Strenge und Reinheit bleibt das jüdische Volk seiner Aufgabe treu. Das Wesen des Gesetzes hängt mit der Vergangenheit zusammen. Der strikte Gesetzesmensch kann nicht anders als zurückblicken: Gegenwart und Zukunft richten sich ausschließlich nach dem einmal Gegebenen, das weiterrollt, unveränderlich, unangreifbar. Dieser reproduzierende Charakter des Gesetzmäßigen wurzelt wiederum tief im Wesen des Mondes. Der tragende Strom der Erblichkeit und die damit verbundenen Gebote traditioneller Moralität sind heilsam, solange die unmittelbare Verbindung zur Gottheit darin noch zu spüren ist. Die Leiter des jüdischen Volkes, die hohen Erzväter, die ergreifenden Prophetengestalten haben immer wieder diese Verbindung hergestellt, wenn die Gefahr einer Abschnürung von der Gottheit sich zeigte. Wo Abschnürung stattfindet, wird das heilige Gesetz zur unheilbringenden Hülle, womit der kalte Intellekt seine Unmenschlichkeit bekleiden kann. Der Impuls der Liebe wendet sich gegen diesen Gebrauch des Gesetzes, nur das wahre Gesetz wird von der Liebe vollendet und erneut. Die Liebe ist nicht reproduzierend, sondern neu schaffend. Durch die Liebe wird Moralität eine schöpferische Intuition. Das unveränderlich Fortrollende wird durchbrochen, die Erstarrung, die zum Tode führt, aufgehoben. «Die Liebe herrscht nicht, sie bildet, und das ist mehr», sagt Goethe in seinem «Märchen von der schönen Lilie und der grünen Schlange». Aus dem Sonnenreich bringt Porzia die Botschaft von Liebe und Gnade. Es ist, als ob Orpheus singt, wenn sie ihre Hymne der Gnade spricht.

Porzia: Then must the Jew be merciful.
Shylock: On what compulsion must I? tell me that.
             (Er kennt nur den Zwang des Gesetzes.)
Porzia: The quality of mercy is not strain'd,
             It droppeth as the gentle rain from heaven
             Upon the place beneath: it is twice blest;
             It blesseth him that gives and him that takes;
             'Tis mightiest in the mightiest; it becomes
             The throned monarch better than his crown;
             His sceptre shows the force of temporal power,
             The attribute to awe and majesty,
             Wherein doth sit the dread and fear of kings;
             But mercy is above this sceptred sway,
             It is enthroned in the hearts of kings,
             It is an attribute to God himself,
             And earthly power doth then show likest God's
             When mercy seasons justice. Therefore, Jew,
             Though justice be thy plea, consider this,
             That in the course of justice none of us
             Should see salvation: we do pray for mercy,
             And that same prayer doth teach us all to render
             The deeds of mercy. I have spoke thus much
             To mitigate the justice of thy plea,
             Which if thou follow, this strict court of Venice
             Must needs give sentence 'gainst the merchant there.
Shylock: My deeds upon my head! I crave the law.

Porzia: So muß der Jude Gnad' ergehen lassen.
Shylock: Wodurch genötigt, muß ich? Sagt mir das.
Porzia: Die Art der Gnade weiß von keinem Zwang,
             Sie träufelt, wie des Himmels milder Regen,
             Zur Erde unter ihr; zwiefach gesegnet:
             Sie segnet den, der gibt, und den, der nimmt;
             Am mächtigsten in Mächt'gen, zieret sie

Den Fürsten auf dem Thron mehr wie die Krone.
Das Zepter zeigt die weltliche Gewalt,
Das Attribut der Würd' und Majestät,
Worin die Furcht und Scheu der Kön'ge sitzt,
Doch Gnad' ist über dieser Zeptermacht,
Sie thronet in dem Herzen der Monarchen,
Sie ist ein Attribut der Gottheit selbst,
Und ird'sche Macht kommt göttlicher am nächsten,
Wenn Gnade bei dem Recht steht; darum, Jude,
Suchst du um Recht schon an, erwäge dies:
Daß nach dem Lauf des Rechtes unser keiner
Zum Heile käm'; wir beten all' um Gnade,
Und dies Gebet muß uns der Gnade Taten
Auch üben lehren. Dies hab' ich gesagt,
Um deine Forderung des Rechts zu mildern;
Wenn du darauf bestehst, so muß Venedigs
Gestrenger Hof durchaus dem Kaufmann dort
Zum Nachteil einen Spruch tun.

Shylock: Meine Taten
Auf meinen Kopf! Ich fordre das Gesetz.

Shylock ist zu sehr verhärtet. Er weist die göttliche Gnade mit
denselben Worten zurück, mit denen die Juden Pilatus zurufen: Sein
Blut komme über uns und unsere Kinder. Also muß dem Kontrakt
Genüge getan werden. In welche Tiefen der Finsternis Shakespeare
zu reichen vermag, wissen wir aus seinen Tragödien und Königs-
dramen. Hier stellt er den Zuschauer einem unverhüllten schwarz-
magischen Ritual gegenüber, wie es bei den Indianerstämmen Mexi-
kos gebräuchlich war. Aus dem lebenden Menschen wird das Herz
oder der Magen mit einigen schnellen Schnitten des Opfermessers
entfernt. Es handelt sich hier um ein Pfund Fleisch so nahe wie möglich am Herzen, der Unterschied ist nicht wesentlich.
Als aber Antonio, mit entblößter Brust dasteht und nach den
edelsten Abschiedsworten zu Bassanio sagt: «So zahl ich gleich die
Schuld von ganzem Herzen», bringt Porzia die Erlösung durch eine
so unerwartete Wendung, daß alle Finsternis mit einem Schlage
weicht. Die moralische Phantasie Porzias, der Einfall, der niemandem

in Venedig kommen konnte, durchbricht das Gesetz durch den Wortlaut des Gesetzes, dem sie bis zur äußersten Konsequenz folgt. Weil nun die Forderung Shylocks ad absurdum geführt ist, triumphiert die Menschlichkeit. Das Böse verstrickt sich selbst in den Strahlen der höheren Logik.

6

Vielen Dichtern ist es gelungen, die dämonischen Klüfte der menschlichen Seele zu schildern. Sobald sie jedoch trachteten, die Gipfel von Glück und geistiger Höhe ins Wort zu bannen, mangelte es ihnen dazu nicht selten an Geist und Kraft. Shakespeare ist hierin ebenso souverän wie im Heraufbeschwören der Finsternis. Die Szene in Belmont, welche zeigt, wie Bassanio mit Porzia vereinigt wird durch die Wahl des dritten Kästchens, ist von einem so goldenen Glanz, so weise und edel, so leidenschaftlich und zurückhaltend zugleich, daß die zuhörende und zuschauende Seele von der tiefsten Freude ergriffen wird.

Auch in diesem Augenblick erklingt Musik, aber wie ganz anders als im 5. Akt. Da ist es, als ob Lorenzo aus dem Urgrund der Sternennacht, wo der geheimnisvolle Mond erscheint, zu seiner tiefen Belehrung über das Wesen der Musik inspiriert wird. Zuvor haben Lorenzo und Jessica über Liebespaare gesprochen, die in solchen Mondnächten ihr Verlangen ausströmen. Das Gespräch nimmt eine spielerische Wendung, als sie ihres eigenen Schicksals und ihrer Liebe gedenken, aber die Frauengestalten, die genannt werden, sind tragische: Thisbe, Dido, Medea. Eine leichte Wehmut, eine Innigkeit webt zwischen den Geliebten, die einen Augenblick durch das burleske Auftreten Lanzelots unterbrochen wird, um sich sogleich wieder als friedliche Stille in sie zu versenken. Die Nacht beginnt zu sprechen und offenbart das Geheimnis des klingenden Kosmos draußen und des klingenden Kosmos im Menschen. Anders und doch verwandt ist der Moment im dritten Akt, als Porzia befiehlt, daß Musik bei Bassanios Wahl erklinge. Hier lebt noch nicht die Stille der Verinnerlichung, das Adagio der singenden Nacht. Porzia ist in der höchsten Spannung, aber ihre Seele ist Musik. Es ist als ob ihr «little body

aweary of this great world» nicht aus «hinfälligem Staub» gebildet
ist, der die klingende Seele unhörbar macht. Sie sagt:

> Let music sound while he doth make his choice;
> Then, if he lose, he makes a swan-like end,
> Fading in music: that the comparison
> May stand more proper, my eye shall be the stream
> And watery death-bed for him. He may win;
> And what is music then? Then music is
> Even as the flourish when true subjects bow
> To a new-crowned monarch: such it is
> As are those dulcet sounds in break of day
> That creep into the dreaming bridegroom's ear
> And summon him to marriage . . .

> Laßt nun Musik ertönen, weil er wählt!
> So, wenn er fehltrifft, end' er Schwanen-gleich,
> Hinsterbend in Musik; daß die Vergleichung
> Noch näher passe, sei mein Aug' der Strom,
> Sein wässrig Totenbett. Er kann gewinnen,
> Und was ist dann Musik? Dann ist Musik
> Wie Paukenklang, wenn sich ein treues Volk
> Dem neugekrönten Fürsten neigt; ganz so
> Wie jene süßen Tön' in erster Frühe,
> Die in des Bräut'gams schlummernd Ohr sich schleichen,
> Und ihn zur Hochzeit laden . . .

Ist es möglich, ein Dur-Moll-Erlebnis reiner in Worte zu fassen,
als Porzia es hier tut?
Dann erklingt das mysteriöse Liedchen über «fancy»:

> Tell me where is fancy bred.
> Or in the heart or in the head?
> How begot, how nourished?
> Reply, reply.

> It is engender'd in the eyes,
> With gazing fed; and fancy dies

In the cradle where it lies.
Let us all ring fancy's knell:
I'll begin it – Ding, dong, bell,
All: Ding, dong, bell.

Sagt, woher stammt Liebeslust?
Aus den Sinnen, aus der Brust?
Ist euch ihr Lebenslauf bewußt?

In den Augen erst gehegt,
Wird Liebeslust durch Schaun gepflegt;
Stirbt das Kindchen, beigelegt
In der Wiege, die es trägt.
Läutet Totenglocken ihm!
Ich beginne: Bim! bim! bim!
Chor: Bim! bim! bim!

Unmittelbar danach spricht Bassanio das entscheidende Wort, darin
der Kern seiner richtigen Wahl liegt: «So may the outward shows be
least themselves.»[1] Es gibt im Deutschen kein Wort für «fancy». Es
bedeutet nicht nur Phantasie, Einbildungskraft, sondern auch Liebe,
Lust, Laune. Obwohl nicht Porzia selbst das fancy-Lied singt, muß
man sich vorstellen, daß die Worte, das ganze Lied, die Vertonung
ihres Seelenzustandes sind. Fancy, die Liebeskraft, geboren im Auge,
genährt im Anschauen der Scheinwelt, stirbt als Augenweide. Die
Totenglocke der fancy weckt in Bassanio das höhere Schauen, das
aus Herz und Kopf gemeinsam geboren wird. Aber auch in Porzias
Seele ist fancy überwunden. Für sie ist der Griff, den Bassanio nach
dem bleiernen Kästchen tut, in welchem ihr Bildnis verborgen liegt,
gleichfalls ein Durchbruch zu ungetrübter Reinheit und Liebeskraft:

Porzia: How all the other passions fleet to air
             As doubtful thoughts, and rash-embrac'd despair,
             And shuddering fear, and green-eyed jealousy!
             O love! be moderate; allay thy ecstacy:

[1] «So ist oft äußerer Schein sich selber fremd.»

25

In measure rain thy joy; scant this excess:
I feel too much thy blessing; make it less,
For fear I surfeit.

Wie jede Regung fort die Lüfte tragen!
Als irre Zweifel, ungestüm Verzagen.
Und bange Schaur', und blasse Schüchternheit.
O Liebe, mäß'ge dich in deiner Seligkeit!
Halt ein, laß deine Freuden sanfter regnen;
Zu stark fühl' ich, du mußt mich minder segnen,
Damit ich nicht vergeh'.

Der Gebrauch des Reimes deutet darauf hin, daß Shakespeare diesem lyrischen Monolog, den Porzia «für sich» spricht, einen besonderen Nachdruck verleihen will. Die Finsternis Shylocks, die Kraft des Hasses zeigt sich in seiner «ecstasy», seiner ungezügelten Wildheit. Die Liebeskraft wird gezügelt durch die Zurückhaltung des freien Ich. Das Läuterungsmotiv zeigt sich wiederum im Übergang von Moll zu Dur. Zweifel, Verzweiflung, Furcht, Eifersucht verflüchtigen: Liebe, sei bezähmt!

Es ist, als führte uns Shakespeare ins Land der Troubadoure, der Sänger der höfischen Minne. «Mesure» und «joie», Maß und Freude, waren auch da die tragenden Kräfte der höchsten Liebe. Doch diese seltsame Seelenläuterung, die der provençalische Dichter durch die Macht der Musik erstrebte, führte zu einer unerfüllten Liebe, l'amour insatisfait. Nur ein keuscher Kuß und das Schenken eines Ringes besiegelten die Verbindung des Troubadours mit seiner «domna». Ist es anders in Belmont? Der «gentle scroll» berechtigt Bassanio zu einem Kuß, Porzia schenkt ihm den Ring; und bleibt ihre Liebe nicht anfänglich unerfüllt durch den stürmischen Verlauf der Ereignisse, die unmittelbar danach eintreten? Erst nach dem Tiefpunkt des Antoniodramas bringt die Rückkehr in Belmont die Erfüllung der Liebe. Im Sonnenreich erst ist das geistige Band, das auf Erden nur durch Enthaltung geschmiedet wird, eine wirkliche Vereinigung.

Seit Nietzsches «Geburt der Tragödie aus dem Geiste der Musik»
wissen wir, daß das griechische Drama aus einer Verschmelzung des
Apollinischen und des Dionysischen entstand. Drei Jahrhunderte bevor Nietzsche seine geniale Entdeckung machte, wurde «Der Kaufmann von Venedig» geschrieben, aber dieses Drama von Shakespeare
zeigt in seinen Bildern die Apollo- und Dionysoswelt so überraschend
exakt, daß wir hieraus erneut seine tiefe Verbundenheit mit dem
Griechentum erahnen können. Lorenzos Worte über die Harmonie
der Sternensphären weisen uns zur Welt des Apollo, und wir sahen
bereits, daß Porzias Wohnsitz, das lichte Belmont, die wesentlichen
Züge des von Sphärenharmonie durchwobenen Sonnenreiches offenbart. Nicht allein ruft der «schöne Berg» die Erinnerung an den er-
habenen Ort der apollonischen Musik wach, sondern die ganze Be-
schreibung der Geschehnisse in diesem geographisch unbekannten
Schloß läßt keinen Zweifel aufkommen, um was es sich hier in Wirklichkeit handelt. Der Zuschauer wird in Regionen geführt, aus denen
einst der Grieche zu seiner rein ausgewogenen Konzeption des Men-
schenbildes inspiriert wurde. Das Maß beherrscht diese Welt, der
falsche Schein, der zu Tod und Torheit führt, wird überwunden. Im
richtigen Kästchen ist Porzias Bild verborgen, der wahre Schein, der
zur Vereinigung mit der Geistwirklichkeit führt. Porzias weiser Vater hat das Bildnis seiner Tochter mit dem «schlechten Blei» umschlos-
sen. Warum mit Blei? Blei ist das Metall, das durch die alte Überlieferung mit dem Saturn in Zusammenhang gebracht wird. Saturn
oder Kronos betrachteten die Griechen als den Repräsentanten eines
uralten Göttergeschlechts, gegen den die lichten Olympier sich auf-
lehnten. Das ursprüngliche Menschenwesen, das Bild des Menschen,
muß aber doch in dieser Vaterwelt gesucht werden. Das geistige
Sonnenreich birgt auf geheimnisvolle Weise die uralte Saturnkraft in
sich.

Als dionysische Welt ist Venedig schwerer zu erkennen. Die aus-
gelassenen Maskenzüge, für die die Stadt berühmt war und gegen
welche Shylock seinen herzlichen Widerwillen zum Ausdruck kommen
läßt, sind ein äußerlicher Anknüpfungspunkt, der den dionysischen
Aspekt geben kann. Der Zusammenhang ist jedoch viel tiefer. Dio-

nysos gehörte in Griechenland zu den chthonischen Göttern, das heißt, man mußte den schweren Weg in die Unterwelt gehen, um sein wirkliches Wesen zu finden. Als Mysteriengott ist er dem ägyptischen Osiris verwandt, der gleichfalls in der Totenwelt gesucht werden mußte. Dieser Gang in die Unterwelt, den der Mensch bei der Einweihung schon während des Lebens durchmacht, war mit größten Gefahren und Prüfungen verbunden. Die Läuterung, die die Frucht der durchstandenen Schrecknisse war, brachte den Mysten mit einem Aspekt des Dionysos in Verbindung, mit Iakchos, der die Züge einer zukünftigen Erlösergottheit trug. Die mystischen Bilder der Hadesprüfungen sind von vielerlei Art und Inhalt. Bei den Ägyptern finden wir die bekannte Darstellung eines Toten, der vor einer großen Waage steht, auf der sein Herz gewogen wird. Darüber sieht man die Richter der Unterwelt. Neben der Waage sitzt ein Ungeheuer, eine Verschmelzung verschiedener Tiere, das sein Herz verschlingt, wenn die Wägung ungünstig ausfällt. Dasselbe, was der Tote mit seinem Sterben erlebte und ihn mit der Mitternachtsonne Osiris vereinte, das erfuhr auch die Seele, die schon während des Lebens diese Verbindung suchte.

Betrachten wir daraufhin den 4. Akt unseres Dramas! Die Richter sind in feierlicher Reihe anwesend. Porzia, die Trägerin des Sonnenimpulses, tritt in Verkleidung auf. Das strenge schwarze Barett verbirgt ihre sonnigen Locken. Im Reich der Prüfung nimmt auch sie das Gewand dieser strengen Welt an. Bassanio und Antonio hat man in gewissem Sinn als Einheit aufzufassen: Der zur Läuterung geprüfte Mensch. Shylock trägt die Waage, auf der das Pfund Fleisch «nearest to the heart» gewogen werden soll. Die Feder der Gerechtigkeit, die Porzia in die Waagschale wirft, rettet das Herz. Die Katharsis hat sich vollzogen.

Der Weg nach Belmont, den Bassanio gegangen ist, und der Weg zum Totengericht in Venedig, den Antonio voll «sadness» gegangen ist, der Zug zu Apollo, wo «doubtful thoughts» und «shuddering fears» überwunden werden müssen, das Hinuntersteigen in Dionysos Reich, wo Leiden und Schrecknisse durch Liebeskraft gezügelt werden, sie führen zusammen. Durch eine Opfertat sind Sonne und Erde verbunden. Was als böse Mondenkraft in der irdischen Welt wirkte, ist aufgelöst. Shylock verschwindet. Bevor die Sonne über Belmont aufgeht, steigt der gute Mond als die liebliche, geheimnisvolle Seele Jessicas herauf. Der Geist der Musik selbst beginnt zu sprechen. Die Traumeswelt wird durchsichtig, die Harmonie von Weltall und Seelentiefe wird hörbar.

Viele Generationen werden noch nach dem Rätsel des Menschen Shakespeare, der solche tiefe Wunder zeigen konnte, suchen. Und immer mehr wird sich vielleicht das Wort Goethes bestätigen, daß Shakespeare ein Wesen höherer Art ist, zu dem wir hinaufblicken und das wir zu verehren haben.

Shakespeare und die neuen Erziehungsideale

Von RUDOLF STEINER

Zwei Vorträge, gehalten 1922 in Stratford on Avon.

48 Seiten, kartoniert DM 3,80

Rudolf Steiner hielt anläßlich des Shakespeare-Festes 1922 in Stratford zwei Vorträge über «Das Drama mit Bezug auf die Erziehung» und «Shakespeare und die neuen Ideale», in denen er auf die erzieherische Kraft der Dichtungen Shakespeares hinwies, besonders auch auf den Einfluß, den Shakespeare auf Goethe ausübte.

Das ewige Drama

6000 Jahre Drama und Theater als Spiegelbild des Werdeganges der Menschheit und des Menschen.

Von RICHARD ROSENHEIM

255 Seiten, 16 Tafeln, Leinen DM 19,80

In dem «Nova Atlantis» überschriebenen Kapitel behandelt Rosenheim Shakespeares «Sturm». Er zeigt, daß diese Dichtung als ein Mysteriendrama an der bedeutungsvollen Schwelle vom mittelalterlichen zum modernen Bewußtsein verstanden werden muß.

Heinrich von Kleist

Schicksal im Zeichen der Bewußtseinsseele

Von HEINZ DEMISCH

152 Seiten, kartoniert DM 8,80

Heinz Demischs Studie beruht auf der Beobachtung und Interpretation von bestimmten bildhaften Situationen im Leben und in den Werken des Dichters. Er macht mit einer Fülle von Belegen darauf aufmerksam, daß Kleists Schicksal und Dichtungen in ungewöhnlicher Weise von Mars-Konstellationen und Mars-Motiven bestimmt sind. Gerade darin, aber auch in seiner für den modernen Künstler prototypischen Vereinsamung zeigt sich, daß in Kleist ein neues Menschheitsbewußtsein zum Durchbruch kommen wollte.

VERLAG FREIES GEISTESLEBEN STUTTGART

DENKEN – SCHAUEN – SINNEN

Zeugnisse deutschen Geistes

Einzelband DM 3.80, Doppelband DM 5.80

VERLAG FREIES GEISTESLEBEN STUTTGART

Studien und Versuche

Eine anthroposophische Schriftenreihe

28–68 Seiten Umfang, Preis DM 2.80–4.80
Weitere Bände sind in Vorbereitung!

VERLAG FREIES GEISTESLEBEN STUTTGART